AF311663

# TRAITÉ PRATIQUE

DE

# PHOTOGRAPHIE

## SUR VERRE,

### D'APRÈS LES DERNIERS PERFECTIONNEMENTS

PAR

## Jules COUPPIER, chimiste.

—···→ Prix: 5 francs. ←···—

## PARIS.

CH. CHEVALIER, PALAIS-ROYAL, 158;

PUECH ET Cⁱᵉ, Fⁱˢ DE PRODUITS CHIMIQUES, RUE DE L'ARCADE, 13;

GUILLOUX, MIROITIER, PASSAGE DE L'INDUSTRIE, 7.

1852.

Imprimerie de W. Remquet et Cⁱᵉ, rue Garancière, n. 5

# PHOTOGRAPHIE SUR VERRE.

IMPRIMERIE DE W. REMQUET ET Cⁱᵉ,

Successeurs de Paul Renouard,

RUE GARANCIÈRE, 5, DERRIÈRE SAINT-SULPICE.

# TRAITÉ PRATIQUE

## DE

# PHOTOGRAPHIE

## SUR VERRE,

### D'APRÈS LES DERNIERS PERFECTIONNEMENTS

PAR

## Jules COUPPIER, chimiste.

---

## PARIS.

CH. CHEVALIER, PALAIS-ROYAL, 158;

PUECH ET Cie, Fon DE PRODUITS CHIMIQUES, RUE DE L'ARCADE, 15;

GUILLOUX, MIROITIER, PASSAGE DE L'INDUSTRIE, 7.

1852.

# TABLE DES MATIÈRES.

## CHAPITRE III.

### DE LA PRODUCTION DE L'IMAGE DIRECTE.

A MONSIEUR

# NIEPCE DE SAINT-VICTOR.

*MONSIEUR,*

*Le petit ouvrage que je livre au public traite d'une partie de la Photographie dont vous êtes le créateur.*

*J'ai été déterminé à l'entreprendre par vos encouragements, et j'ai, pendant que je l'écrivais, été souvent dirigé par vos conseils bienveillants.*

*Permettez-moi donc de remplir, en vous le dédiant, un devoir de justice et de reconnaissance.*

*J'ai l'honneur d'être, avec respect,*

*Monsieur,*

*Votre très-humble et très-obéissant serviteur,*

*Jules Couppier.*

# DE LA PHOTOGRAPHIE.

La Photographie, ou l'art de reproduire l'image des objets par l'action de la lumière, date seulement de quelques années, et cependant elle a déjà fait d'immenses progrès.

La Photographie est appliquée et agit de plusieurs manières différentes : ou bien elle reproduit immédiatement l'image des objets, c'est la Photographie sur plaque; ou bien elle ne la reproduit que médiatement, c'est-à-dire

à l'aide d'un type où les ombres et les jours
se trouvent placés en sens inverse de leur
ordre naturel, et qui sert ensuite de planche
pour produire l'image directe.

Dans quelques essais, M. Niepce de Saint-
Victor a déjà obtenu les couleurs.

Ce serait une nouvelle branche dans l'art
de la Photographie; elle nous donnerait la
Photographie-Peinture, quand la Photographie
telle que nous l'avons aujourd'hui ne peut
qu'imiter le dessin.

Ce type, à l'aide duquel on peut produire
un nombre indéterminé d'images du même
objet, et où la lumière et les ombres sont ren-
versées comme les reliefs et les creux le sont
dans un moule de sculpteur, peut être obtenu
de deux manières différentes : à l'aide d'un
papier transparent, ou à l'aide d'une glace albuminée.

C'est la Photographie par le moyen de la glace albuminée qui va faire le sujet de ce petit traité. C'est celle dont je me suis particulièrement occupé, et j'espère être agréable et utile aux amateurs en livrant à la connaissance du public des procédés que je n'ai pu obtenir sans beaucoup de difficultés.

Je dois indiquer les raisons qui m'ont fait préférer la Photographie par glace albuminée à la Photographie par papier transparent. Je le dois, parce que ce sentiment n'est pas celui de tous les artistes, et qu'il y a parmi les photographes une école qui donne la préférence au papier.

Une chose reconnue par tous, c'est que par la glace albuminée on obtient une image plus nette et des détails plus complets que par le papier.

Mais il arrive que dans quelques procédés

la lumière et l'ombre sont tranchées d'une
manière trop brusque et manquent de cette
gradation qui se trouve dans la nature, et qui
fait le charme des belles lithographies et des
belles gravures.

Dans la Photographie par papier transparent, au contraire, la précision de l'image est
moins parfaite, les détails sont plus confus, les
lignes moins bien accusées. Mais ces imper-
fections mêmes donnent à l'image une homo-
généité d'ensemble qui isole moins les parties
les unes des autres, où la lumière et les ombres se fondent insensiblement, et qui donne
le résultat que l'art des peintres et des dessi-
nateurs cherche à atteindre.

Si l'on parvient dans la Photographie par la
glace à éviter la dureté du passage de la lumière à l'ombre, tout en conservant la perfec-
tion des détails, elle aura tous les avantages

artistiques de la Photographie par papier sans en avoir les inconvénients; c'est ce qui peut s'obtenir facilement et ce qui a déjà été obtenu par quelques artistes.

On reproche encore à la Photographie sur glace l'obstacle que met à un transport facile la nature de la matière employée.

Il est bien certain que si l'on se borne à comparer une glace et une feuille de papier, on conclura que la feuille de papier doit se transporter plus facilement.

Mais ce n'est pas uniquement à son papier que se réduit le bagage du photographe par papier transparent. Le papier doit être préparé sur le lieu même de l'opération, et il exige par conséquent le transport de tout un petit laboratoire de chimie.

La glace, au contraire, peut être préparée

longtemps d'avance, et elle offre ainsi, sous le rapport de la facilité du transport, un avantage incomparable.

Nous devons à M. Niepce de Saint-Victor la création de la Photographie par glace albuminée. Il a généreusement livré au public les magnifiques résultats de ses laborieuses et ingénieuses recherches ; des artistes nombreux se sont mis à l'œuvre, et il est arrivé ce qui arrive toujours : le perfectionnement est venu compléter l'invention.

Ce perfectionnement résulte de quelques modifications apportées soit aux procédés indiqués par M. Niepce de Saint-Victor, soit à leur mode d'application.

Plusieurs ouvrages ont déjà paru sur la Photographie par glace albuminée, et je n'aurais pas écrit celui-ci, si j'avais reconnu que les véritables procédés de l'art eussent été sin-

cèrement livrés au public à qui on les pro-
mettait.

Mais j'ai lu ces ouvrages avec soin et je ga-
rantis qu'il est impossible, en se bornant aux
procédés qu'ils indiquent, d'obtenir de bonnes
épreuves photographiques.

C'est alors que je me suis décidé à faire
paraître ce petit traité; il est uniquement pra-
tique et je n'ai pas jugé convenable d'y faire
intervenir les observations d'une théorie qui
n'est pas encore faite.

Je ne doute pas que les personnes qui sui-
vront exactement les procédés que j'indique
n'obtiennent des résultats satisfaisants. Ces
résultats sortiront nécessairement d'une manipulation attentive.

Cependant, tout n'est pas uniquement mécanique dans la Photographie, elle laissera

toujours une vaste place où pourra se manifester le goût de l'artiste.

Le travail du Photographe sur glace consiste :

1° Dans la préparation de la glace impressionnable.

2° Dans la création du type sur la glace.

3° Dans la production de l'image directe.

Nous divisons en conséquence notre travail en trois chapitres qui répondent à ces trois opérations.

# CHAPITRE PREMIER.



## DE LA PRÉPARATION DE LA GLACE IMPRESSIONNABLE.

Ce chapitre se divise en quatre paragraphes qui se rapportent à autant d'opérations différentes, savoir : — La préparation de l'albumine. — Le nettoyage des glaces. — L'albuminage des glaces. — La sensibilisation des glaces.

### § 1. De la préparation de l'albumine.

La préparation de l'albumine photogénique est, sans contredit, la plus simple des opérations. — La condition la plus importante est la bonne proportion dans laquelle doit s'opérer le mélange des substances.

C'est l'expérience des opérateurs les plus distingués qui la leur a fait connaître.

On prend des blancs d'œufs bien purs de toute
parcelle de jaune et de germe, puis on y ajoute
25 pour cent d'eau distillée et 1 pour cent seulement d'iodure de potassium (1).

Soit :
| Albumine. . . . . . . . . . . . | 100 gr. |
| Eau distillée. . . . . . . . . | 25 |
| Iodure de potassium . . . . . . | 1 |

Lorsque l'iodure de potassium est dissous, on
bat le mélange avec une fourchette de bois jusqu'à ce qu'il soit passé à l'état de mousse épaisse
et ferme.

Il est nécessaire de battre l'albumine jusqu'à
ce point afin d'éviter les matières filandreuses
qu'on pourrait y retrouver sans cette précaution.

On laisse alors reposer le tout à l'abri de la

(1) La proportion de 1 d'iodure de potassium pour 100 d'albumine que j'indique doit être rigoureusement observée, car, en
dépassant cette quantité, on obtiendrait des noirs beaucoup trop
intenses, et en même temps la couche d'albumine prendrait
une apparence granulée qui détruirait la finesse de détails de
l'image.

Je crois inutile de dire que l'addition de bromure de potassium
et de chlorure de sodium, prescrite par quelques traités, est non-
seulement inutile, mais encore contraire à la réaction purement
chimique qui s'opère dans le phénomène de la production de
l'image négative.

poussière, et, au bout de quelques heures, on trouve sous la mousse, au fond du vase, un liquide visqueux qui est de l'albumine étendue d'un peu d'eau, parfaitement homogène, et tenant en suspension un des principes de la matière photogénique.

On recueille ce liquide dans un vase propre en ayant soin de le débarrasser le plus possible de la mousse qui le surnage ordinairement, et il ne reste plus alors qu'à l'appliquer à la glace préparée pour le recevoir.

L'albumine ainsi obtenue ne doit pas être conservée plus de vingt-quatre heures en été.

Dans cette première préparation comme dans les suivantes, on comprendra facilement que pour se tenir dans les meilleures conditions, il y a un certain choix à faire dans les substances.

Ainsi, on devra lorsqu'on le pourra ne se servir que d'iodure de potassium pur; celui du commerce contenant une quantité assez notable de chlorure.

Quant à l'albumine, l'expérience a démontré que tous les œufs ne sont pas également bons :

*Les œufs de vieilles poules* sont ceux qui donnent les résultats les plus constants et qu'on doit employer de préférence.

Lorsqu'ils sont vieux, ainsi que l'a signalé M. Niepce de Saint-Victor, l'image dans la chambre noire se forme un peu plus rapidement, mais la couche d'albumine est alors plus susceptible de s'écailler que s'ils étaient frais.

Pour se tenir dans des conditions à peu près constantes, on pourra choisir pour cette préparation les gros œufs de poules.

### § 2. Du nettoyage des glaces.

La surface de la glace destinée à recevoir la couche d'albumine doit être parfaitement propre et exempte de tout corps gras : et l'emploi d'alcool ou d'ammoniaque, qui a été conseillé par quelques auteurs, est loin de pouvoir amener à ce résultat, surtout s'il est appliqué à des glaces qui ont déjà servi plusieurs fois.

En effet, il est à remarquer que lorsqu'une glace a été employée huit ou dix fois, la couche d'albumine y adhère très-faiblement, et qu'il est alors très-difficile de l'empêcher de se soulever pendant les divers lavages que nécessitent le développement et le fixage de l'épreuve.

J'ai appliqué au nettoyage de la glace un moyen qui obvie entièrement à cet inconvénient; il consiste à laisser la glace immergée pendant un certain temps dans une dissolution de potasse caustique (10 *grammes environ de potasse dans 100 grammes d'eau*) qui détruit rapidement toutes les matières organiques qui pouvaient se trouver à sa surface.

S'il y a déjà un cliché sur la glace, quelques minutes de ce bain permettent d'enlever très-facilement la couche d'albumine que l'eau seule ne ferait que ramollir très-lentement.

Lorsqu'on a été obligé d'enlever un cliché, comme nous venons de le dire, il est bon, après avoir lavé parfaitement la glace, et quoiqu'elle se trouve alors entièrement dépouillée d'albumine, de la replonger encore quelque temps dans le bain de potasse, afin de permettre à celle-ci d'agir complétement sur toute la surface du verre.

Lorsqu'on croit que les glaces ainsi traitées sont parfaitement débarrassées de toute trace de matière organique, on les passe dans l'eau pour enlever le mieux possible la potasse qui reste à leur surface et on les plonge pendant deux ou trois minutes dans un bain d'eau acidulée d'acide azotique (*Il suffit pour ce bain d'une réaction très-acide à la langue*).

J'insiste, à cause de leur importance, sur ces

deux opérations moins longues à faire qu'a décrire.

Les glaces ainsi nettoyées, et débarrassées par le bain acide de la potasse qu'elles auraient pu conserver, sont retirées de ce bain, après quoi on les laisse sécher.

Alors, pour éviter toute erreur, on en marque, à l'aide d'une étiquette gommée, un des côtés qui pourra être considéré comme l'envers ; puis, après avoir posé la glace horizontalement, l'endroit en dessus, on nettoiera de nouveau ce côté qui est celui sur lequel doit être appliquée la couche d'albumine.

Ce dernier nettoyage se fait à l'aide d'un tampon de coton avec du tripoli et de l'eau très-fortement acidulée d'acide azotique.

Cette opération ne diffère que par l'emploi de l'eau acidulée, du polissage d'une plaque daguerrienne.

On prépare ainsi autant de glaces qu'on le désire, puis on laisse sécher le tripoli qui les recouvre afin de pouvoir l'enlever plus facilement. Lorsque tout est sec, on repasse sur chaque glace un gros tampon de coton propre et dur afin d'en détacher tout le tripoli que l'on fait tomber ensuite avec un nouveau tampon de coton qui

alors ne doit plus être serré et qu'on passe légèrement sur la glace, car il faut éviter de la frotter
avec du coton, quoique propre, sans l'intermé-
diaire du tripoli sec.

Après toutes ces manipulations, la glace est
tout à fait propre, mais il reste cependant encore
à lui enlever la poussière imperceptible qui y
reste attachée par le fluide électrique qu'ont déve-
loppé les frottements. — Cette dernière opération
se fait au moment même d'y appliquer l'albumine, et, par conséquent, lorsque la glace a été
disposée pour cela.

La manière la plus commode de tenir la glace
et la seule d'ailleurs applicable au mode d'albuminage généralement employé et que je vais indiquer comme le plus sûr et le plus facile, consiste à
la prendre à l'aide d'un mandrin de bois qu'on y
colle préalablement dans le milieu.

À cet effet, on doit se munir de deux ou trois
mandrins de 20 cent. environ de long, sur 3 ou
4 cent. de diamètre; celle des extrémités qui doit
être appliquée sur la glace est creusée de 1 ou 2 c.
de manière à présenter à la vue l'aspect d'un
tube à parois de 1 cent. d'épaisseur.

On enduit alors d'une légère couche de gutta-
percha la surface annulaire que présente cette ex-

trémité de chacun des mandrins, et, après avoir posé les glaces sur du papier très-propre, le côté nettoyé en contact avec le papier, on chauffe dans la flamme d'une lampe à alcool le gutta-percha des mandrins que l'on applique aussitôt sur l'envers des glaces, en ayant soin de les placer le plus possible dans le milieu.

Quelques minutes suffisent pour que l'adhérence soit parfaite.

Lorsque le gutta-percha est refroidi, on prend la glace par ce manche et on lui enlève parfaitement la poussière qui est restée attachée à sa surface.

On fait ce dernier nettoyage d'abord à l'aide d'une peau de daim souple et propre, puis enfin avec un blaireau large et fin, qui, passé légèrement sur la glace, finit de faire disparaître toute trace de poussière.

Il est bien entendu que cette dernière opération se fait au moment d'étendre l'albumine, et qu'on doit y apporter tous ses soins, si l'on veut éviter de voir se former sur le cliché, au développement de l'image, une foule de points noirs qui sont dus à autant de grains de poussière laissés sur la glace.

Le choix du verre qui doit recevoir la couche

d'albumine n'est pas indifférent ; on ne peut employer à cet usage que du verre dressé et poli exprès, connu dans le commerce sous le nom de *glace mince pour négatif*.

### § 3. De l'albuminage des glaces.

Il ne suffit pas seulement, pour échapper à la poussière, de l'avoir parfaitement enlevée de dessus la glace, mais il faut encore éviter celle qui peut y tomber pendant l'albuminage.

De là, on comprendra la nécessité de faire cette opération dans un appartement très - propre, exempt de courants d'air, et arrosé, s'il est possible, quelque temps auparavant.

Toutes choses étant ainsi disposées, on prend une glace, et la tenant horizontalement, on y verse une petite quantité d'albumine préparée conformément à ce qui a été dit au § 1ᵉʳ, décantée et parfaitement limpide.

Cette petite quantité d'albumine doit être cependant suffisante pour qu'à l'aide d'un léger mouvement et d'une baguette de verre on puisse facilement en recouvrir toute la surface de la glace.

Lorsque le liquide est bien uniformément répandu, on en enlève l'excès, soit en penchant la glace dans divers sens, de manière à le faire arriver sur ses bords, d'où on l'aspire alors avec une pipette de verre, soit simplement en la laissant écouler par un angle.

Lorsqu'il ne reste plus sur le verre que la quantité d'albumine qu'on juge convenable, on tâche, par un mouvement de la main, de la ramener vers le milieu de la glace, et alors, en frottant l'une contre l'autre les deux mains entre lesquelles on tient le mandrin pressé, on imprime à la glace un léger mouvement de rotation horizontale.

La couche d'albumine, quoique très-mince, s'étend alors très-régulièrement.

On doit prendre garde à ce que le mouvement ne soit ni trop prolongé ni trop rapide, parce qu'il finirait par chasser le liquide du milieu de la glace sur les bords.

Quelques expériences doivent suffire pour amener l'amateur à pouvoir, presque à coup sûr, albuminer convenablement une glace.

La glace étant albuminée, on en détache le mandrin par torsion, et on la laisse sécher à l'abri de la poussière.

La manière la plus commode de faire sécher des

glaces consiste à les placer, à mesure qu'elles sont albuminées, dans une boîte à rainures où elles conservent la position horizontale, et dans laquelle se trouvent intercallées entre chacune d'elles des planchettes mobiles, glissées également dans les rainures et destinées à activer la dessiccation.

La boîte elle-même est soutenue sur trois vis calantes qui servent à en établir l'aplomb parfait.

Il est bon de sécher le plus rapidement possible la couche d'albumine, et pour cela on ne doit introduire les glaces dans la boîte que lorsque celle-ci, ainsi que les planchettes, ont été chauffées préalablement.

On peut de même, pendant la dessiccation, retirer de temps en temps les planchettes pour les chauffer et les replacer chaudes.

En s'y prenant de cette manière on peut opérer sur des glaces préparées de la veille, car il est indispensable que pour la sensibilisation elles soient parfaitement sèches.

---

Parmi les conditions nécessaires doit être placée en premier ordre l'égalité de la couche d'albumine.

En effet, la sensibilité augmentant avec l'épaisseur de cette même couche, il s'ensuivra que dans une glace irrégulièrement albuminée, l'image sera entièrement développée dans les parties épaisses, lorsqu'elle ne sera qu'à peine apparente dans les parties minces.

Aussi doit-on rejeter toute glace qui, après avoir été sensibilisée, ne paraît pas parfaitement égale, à moins, toutefois, que les inégalités ne doivent se trouver dans le ciel du paysage, partie du cliché qu'on peut retoucher au pinceau.

Nous ferons remarquer aussi que la couche d'albumine doit avoir une certaine épaisseur, car lorsqu'elle est trop mince, non-seulement elle est moins impressionnable, mais encore elle a l'inconvénient de donner au dessin beaucoup de dureté.

Plusieurs personnes ont tenté de construire des appareils par lesquels la couche d'albumine pût être étendue sur la glace avec une régularité mécanique. Jusqu'à ce jour ces tentatives n'avaient pas eu de succès.

Mais nous venons de voir un appareil imaginé par M. Niepce de Saint-Victor qui nous semble devoir atteindre le but.

Un modèle de cet appareil, désigné sous le nom d'*albumineuse*, est exposé rue de l'Arcade, 15, à la fabrique de produits chimiques de la Société Héliographique.

### § 4. De la sensibilisation des glaces.

Cette opération , quoique facile , est cependant assez délicate , et je classerai parmi les premières conditions la bonne composition du liquide sensibilisateur.

C'est avec les proportions suivantes qu'il donne les meilleurs résultats :

<pre>
Nitrate d'argent. . . . . . . . .   10 gr.
Acide acétique cristallisable. . . .   10
Eau distillée. . . . . . . . . .  400
</pre>

On doit choisir pour cela du nitrate d'argent parfaitement neutre, et, après l'avoir fait dissoudre dans l'eau, on y ajoute l'acide acétique.

Ce mélange, qui rougit d'abord rapidement par l'usage, doit toujours être tenu dans l'obscurité, et, dès que les réductions d'argent y sont assez considérables pour lui avoir donné une teinte noire, il doit être rejeté et remplacé.

Différentes méthodes peuvent être employées pour sensibiliser une glace :

Ainsi , on peut opérer par application de la glace sur le liquide.

A cet effet, on verse de cette composition dans une cuvette de porcelaine à fond parfaitement plat , jusqu'à 1 cent. environ d'épaisseur, puis, plaçant une glace verticalement dans la cuvette même, contre une des parois , on la soutient à l'aide d'un petit crochet d'argent ou de platine , par sa partie supérieure , et on l'abaisse rapidement dans le fond de la cuvette, le côté albuminé en contact avec la surface du liquide.

Il faut que cette immersion soit faite d'un mouvement régulier, rapide et sans aucun temps d'arrêt, et il faut veiller aussi à ce que des bulles d'air ne restent pas prises entre la glace et le liquide, dernier inconvénient auquel il serait impossible d'obvier, s'il n'y en avait que très-peu dans la cuvette.

Lorsqu'on opère par ce procédé, on doit, avant d'appliquer la glace à la surface du liquide, avoir bien soin d'enlever à celui-ci l'argent réduit qui le surnage ordinairement.

Il suffit pour cela d'y appliquer avant la glace une feuille de papier propre :

Lorsqu'elle est bien adhérente, on l'enlève, et

avec elle les parcelles métalliques qui s'étaient formées.

---

Le deuxième mode de sensibilisation ne peut s'effectuer qu'à l'aide d'une cuvette plus longue que la glace et de 10 cent. au moins de profondeur. Comme on ne trouve pas des cuvettes de porcelaine aussi grandes, on peut se servir de cuvettes à fond de verre avec des côtés de bois parfaitement enduits de vernis à la gomme laque.

Après avoir mis une certaine quantité de la composition ci-dessus dans une cuvette de ce genre, on incline la cuvette de manière à laisser tout le liquide à l'une de ses extrémités, puis, posant une glace à plat, le côté albuminé en dessus, à l'autre extrémité, on rétablit d'un seul mouvement la position horizontale, de manière à ce que le liquide recouvre entièrement la glace.

Par cette méthode on n'a pas à craindre de voir s'attacher à la glace l'argent réduit dont nous avons parlé plus haut, mais on est obligé aussi d'employer une beaucoup plus grande quantité de liquide.

Par l'un ou l'autre de ces moyens, vingt-cinq

ou trente secondes d'immersion suffisent pour que la couche d'albumine soit parfaitement coagulée, rendue insoluble, et l'iodure de potassium qu'elle contient tranformé en iodure d'argent : en un mot pour que la glace soit sensibilisée.

On la retire alors et on la lave, soit par immersion, soit en y versant de l'eau jusqu'à ce que sa surface mouillée ne présente plus l'aspect d'une surface grasse.

On la laisse ensuite s'égoutter et sécher dans la position verticale.

Toutes les eaux ne sont pas propres au lavage des glaces ; le prix élevé de l'eau distillée ne permettant pas de l'employer à cet usage, on se sert ordinairement d'eau de pluie.

Cependant certaines eaux de rivières peuvent remplir le même but : ce sont celles qui précipitent très-peu par le nitrate d'argent.

Il est inutile de dire que toutes les opérations décrites à ce paragraphe doivent être faites dans un lieu où ne pénètre pas la lumière du jour et qu'éclaire seulement une lampe ou une bougie.

Ce n'est qu'après avoir sensibilisé la glace qu'on peut juger de l'égalité de la couche d'albumine et voir si elle a été bien garantie de la poussière qui y produit alors de petits points blancs très-faciles à apercevoir par transparence, surtout pendant qu'elle est encore humide.

Ces points peuvent être aussi dus à des parcelles de germe laissé dans l'albumine.

Les glaces une fois sèches, si elles ont été conservées dans une parfaite obscurité, peuvent être employées, après huit ou dix jours, presque aussi avantageusement qu'après quelques heures.

Si cependant elles étaient sensibilisées depuis trop longtemps, on pourrait, pour plus de sûreté, les repasser une deuxième fois au liquide sensibilisateur.

On leur rend ainsi la sensibilité qu'elles auraient perdue.

# CHAPITRE II.



Nous divisons ce chapitre en six paragraphes qui traitent : de la pose, — de la dissolution d'acide gallique, — du développement de l'image négative, — du fixage de l'image négative, — de la manière de renforcer un type trop faible, — et du portrait ; et nous le terminons par des observations communes à ces diverses opérations.

### § 1. De la pose.

La juste mesure du temps de pose est l'une des plus grandes difficultés de la photographie.

Par les procédés que nous allons indiquer, cette difficulté disparaît pour la photographie par glace albuminée.

On verra, en effet, que dans la production d'un

type, on peut arrêter le développement de l'image préparée par un excès de pose et continuer celui de l'image faiblement impressionnée.

On devra, malgré cela, tâcher de se tenir, autant que possible, dans les meilleures conditions, mais sans trop s'inquiéter toutefois des défectuosités que semblerait devoir occasionner le manque ou l'excès d'exposition à la lumière.

Il serait d'ailleurs très-difficile de préciser la durée de la pose que peuvent faire varier une foule de conditions, telles que l'intensité lumineuse, l'épaisseur de la couche d'albumine, la vigueur de l'objectif, la longueur de son foyer, la température, etc., etc.

Lorsqu'on opère par voie humide, c'est-à-dire en exposant la glace lorsqu'elle vient d'être lavée après la sensibilisation, il faut une minute environ, sous le soleil d'été de Paris, pour obtenir un monument, avec l'objectif normal simple de 5o cent. de foyer et un diaphragme de 2 cent. de diamètre.

Il ne faut pas plus de quatre ou cinq minutes en opérant dans les mêmes conditions sur la glace sèche.

M. Niepce de Saint-Victor a fait observer qu'il

3.

était nécessaire de placer une feuille de papier blanc derrière la glace.

Il est à remarquer, en effet, que, sans cette précaution, l'opération est beaucoup plus longue et l'image aussi moins nette.

Il faut aussi veiller à ce que, pendant la pose, les rayons du soleil ne donnent pas dans l'objectif.

### § 2. De la préparation de la dissolution d'acide gallique.

Pour éviter les réductions d'argent sur le type ou cliché, pendant le développement de l'image, il est nécessaire que la dissolution d'acide gallique soit parfaitement saturée.

On met à cet effet un excès d'acide gallique dans de l'eau distillée, et, au bout de douze ou quinze jours seulement, le degré de saturation complète se reconnaît à la couleur jaune d'huile que prend la dissolution.

On doit avoir soin, dans cet intervalle, d'agiter de temps en temps le flacon.

Avant d'employer la dissolution d'acide gallique, on doit la filtrer deux ou trois fois pour lui enlever les cristaux qu'elle pourrait tenir en suspension.

Sans cette précaution, ces cristaux en se déposant produiraient une infinité de petits points noirs sur toute la couche d'albumine, les noirs de l'image prendraient un aspect charbonneux, et le cliché tout entier perdrait la transparence qu'il doit avoir.

Lorsqu'on a une image à développer, on doit autant que possible placer préalablement dans un lieu frais la dissolution d'acide gallique déjà filtrée, et la filtrer ensuite une dernière fois au moment de s'en servir.

On la dépouille ainsi des cristaux qu'aurait encore pu lui faire déposer l'abaissement de température occasionné par le contact de la glace.

La dissolution d'acide gallique peut se conserver indéfiniment.

### § 3. Du développement de l'image négative.

Le développement de l'image négative est une opération délicate, et qui, pour être bien faite, exige de l'opérateur une certaine habileté.

C'est surtout dans cette opération qu'échouent les artistes et les amateurs qui font en photographie par glace tant d'expériences malheureuses ; aussi ne dois-je pas craindre d'entrer à ce sujet dans des détails étendus.

Après la pose, on s'enferme dans un lieu éclairé par une bougie, et, après avoir retiré la glace du châssis, on la place sur un petit support à vis calantes qui permette d'en établir l'horizontalité parfaite.

Il faut, pendant toute la série d'opérations de ce paragraphe, empêcher sur la glace l'influence trop directe de la lumière de la bougie.

Comme il faut que l'acide gallique agisse immédiatement et en même temps sur tous les points de la surface albuminée on doit, pour en faciliter la répartition régulière, couvrir d'abord cette surface d'eau distillée.

Cela fait, on enlève délicatement la glace en la tenant par deux angles opposés, et on en fait parfaitement écouler l'eau.

Alors, au lieu de la remettre sur le support, on la place sur l'extrémité des doigts de la main gauche, afin de pouvoir l'incliner à volonté dans un sens ou dans un autre, puis on y verse une quantité d'acide gallique suffisante seulement pour mouiller la couche d'albumine, et on a soin de faire qu'elle se répande le plus rapidement possible sur toute la surface, en donnant à la glace les inclinaisons nécessaires.

Quelquefois la chaleur des doigts peut préci-

piter sur les points où ils appuient le développement de l'image qui cesse alors d'être régulier. Pour obvier à cet inconvénient on peut placer
la glace sur un petit cadre qui sert à la tenir.

Après cette opération, on la replace sur le support horizontal, et on la laisse ainsi soumise à
l'action de l'acide gallique pendant huit ou dix
minutes environ.

Pendant ce temps, il faut veiller à ce que l'humidité persiste sur toutes les parties de la surface
albuminée ; si sur quelque point cette surface pa-
raissait prête à sécher, il faudrait immédiatement
enlever la glace de dessus le support, et rétablir
par les inclinaisons nécessaires l'égale répartition
du liquide.

Au bout du temps indiqué, on reprend la glace
par les angles, et on en fait bien écouler l'acide
gallique que l'on remplace aussitôt et de la même
manière par une dissolution de 3 ou 4 gr. de
nitrate d'argent neutre dans 100 gr. d'eau distillée.

Presque instantanément l'image apparaît, et
lorsque la pose a eu lieu dans les bonnes conditions elle doit être entièrement développée au bout
de six ou huit minutes.

Si la pose n'avait pas été suffisante, et qu'alors

l'image ne fût pas assez accusée, on laverait la
glace en y répandant un peu d'eau et on recom-
mencerait absolument de la même manière les
deux opérations, c'est-à-dire d'abord l'application de l'acide gallique, ensuite celle du nitrate
d'argent.

On peut ainsi, par ces opérations successives,
développer parfaitement l'image sur une glace
qui n'aurait été que très-faiblement impressionnée.

Si, au contraire, la pose avait été trop pro-
longée, l'image apparaîtrait rapidement, et, sitôt
qu'elle serait arrivée au point convenable, il
faudrait la laver pour en arrêter le développement, et la fixer ensuite comme nous allons le
voir au paragraphe suivant.

Il arrive très-souvent que des parcelles d'argent
réduit se forment à la surface du liquide pendant
le développement de l'image ; elles surnagent
alors et sont entraînées par le lavage, mais elles
s'attacheraient fortement aux parties de la glace
où on aurait laissé sécher l'acide gallique, et où,
par conséquent, il n'aurait agi qu'insuffisam-
ment.

On aurait aussi à craindre ces réductions si la

dissolution d'acide gallique n'était pas parfaitement saturée.

Un des plus sûrs moyens de mener une épreuve à bonne fin, c'est de ne pas chercher à trop presser cette opération, d'en suivre avec attention tous les détails, et d'y apporter une grande propreté.

Pour observer les progrès du développement de l'image, on place en dessous d'elle une feuille de papier blanc qui réfléchit la clarté de la bougie tenue comme on l'a dit à une certaine distance et plus bas que le niveau du support.

On se rappellera qu'un type pour donner de bons résultats ne doit pas être trop vigoureux, et, qu'à la lumière de la bougie on est toujours tenté de le croire trop faible; — Quoiqu'on puisse affaiblir par le fixage l'image trop accusée, il vaut mieux l'arrêter au degré convenable.

Si l'on n'avait pas le temps de fixer l'épreuve immédiatement après l'avoir lavée, il faudrait conserver la glace dans l'obscurité la plus complète, de même que si l'on ne pouvait pas développer l'image peu de temps après l'exposition à la chambre noire : car il n'y a nul inconvénient à laisser écouler vingt-quatre ou quarante-huit heures entre la pose et le développement.

### § 4. Du fixage de l'image négative.

On emploie pour le fixage de l'épreuve négative une dissolution de brômure de potassium dans la proportion suivante :

Brômure de potassium. . . . . . . 6 gr.
Eau distillée. . . . . . . . . 200

Lorsque l'image a acquis un développement convenable, on la lave avec précaution en la plongeant dans une cuvette ou en répandant sur elle de l'eau filtrée ordinaire, puis on replace la glace sur le support et on la recouvre de la dissolution de brômure de potassium ci-dessus. Quinze ou vingt minutes environ, plus ou moins suivant la température, suffisent pour que l'épreuve soit parfaitement fixée, avec cette proportion de brômure.

Si cependant au bout de ce temps l'image était trop vigoureuse, il faudrait laisser continuer encore l'action du brômure qui la dégrade peu à peu.

Lorsque le dessin est arrivé au degré d'intensité convenable, on jette le liquide qui recouvre la glace, on la passe rapidement dans l'eau pour la rincer et on la laisse enfin sécher en la posant verticalement sur un de ses angles.

Si, cependant, comme cela peut arriver quelquefois, il s'était formé des boursoufflures dans la couche d'albumine, après avoir fait égoutter un instant la glace, on devrait la laisser sécher dans la position horizontale.

Quoique l'épreuve soit alors fixée et complétement terminée, il est préférable de la laisser sécher dans l'obscurité.

Une fois sèche, on n'a plus du tout à craindre de voir la couche d'albumine s'écailler, quelque temps qu'on la laisse exposée au soleil.

L'emploi du brômure de potassium conseillé par M. Niepce de Saint-Victor pour le fixage de l'épreuve négative laisse au dessin toute l'harmonie qu'il doit avoir.

Le bain d'hyposulfite de soude dont l'énergie devient nécessaire pour le fixage du négatif sur papier est tout à fait impropre au fixage du négatif sur glace dont il altère les blancs en leur donnant la limpidité et la transparence parfaite qui sont la seule cause de la dureté du dessin.

Le bromure de potassium, au contraire, tout en fixant l'image, laisse au cliché l'opacité générale qui est nécessaire pour en obtenir de bons effets.

### § 5. De la manière de renforcer un type trop faible.

Lorsqu'on s'aperçoit qu'un type entièrement fini est trop faible, on peut le renforcer, même après qu'il a déjà été exposé aux rayons du soleil, pour reproduire des images directes.

Pour cela, il suffit de le traiter de nouveau et comme il a été indiqué au § 3, d'abord par l'acide gallique, puis par le nitrate d'argent ; seulement il faut que la dissolution de nitrate d'argent soit plus faible : — 2 gr. de nitrate d'argent pour 100 gr. sont une bonne proportion.

Il ne reste plus ensuite qu'à le laver et à le fixer comme il a été dit.

### § 6. Du portrait.

Le portrait s'obtient tout aussi facilement sur la glace albuminée que sur le papier. — Il suffit pour cela d'une simple addition aux préparations indiquées dans les paragraphes précédents et d'opérer par voie humide.

A cet effet, il faut autant que possible sensibiliser la glace au moment même de s'en servir, et, lorsqu'elle a été parfaitement lavée, comme nous l'avons dit (§ 4, chap. I⁰), on y répand de *l'acide gallique étendu d'un volume égal d'eau distillée* de manière à imprégner toute la surface.

Quand la surface albuminée a été ainsi mouillée partout pendant une minute environ, on fait bien écouler tout le liquide, et on expose immédiatement la glace à la chambre-noire.

Il faut, par ce moyen-là, de quarante à soixante secondes, à un jour favorable, pour obtenir un portrait avec l'objectif normal français, à verres doubles.

L'image est développée ensuite comme il a été dit.

### OBSERVATIONS.

Dans toutes les opérations que nous venons de décrire, on n'a dû remarquer que des manipulations très-simples et qui, pour la plupart, ne ressemblent en rien à celles des procédés inapplicables qui ont été donnés jusqu'à ce jour par différents auteurs.

Je suis loin de dire qu'une main maladroite doive obtenir au premier essai des résultats parfaits, car il y a quelques opérations qui nécessitent une certaine dextérité, mais on verra cependant qu'aucune des manipulations ne présente de difficulté réelle.

Le vrai talent du photographe qui connaît un bon procédé, consiste à l'appliquer avec une grande régularité tout en se laissant guider aussi par le bon goût.

On ne saurait trop recommander aux amateurs l'observation la plus scrupuleuse de tous les petits détails qui se rattachent à chaque opération, car tous ces soins minutieux qui peuvent séparément paraître de peu d'importance, constituent, dans leur ensemble, un tout sans lequel il est tout à fait impossible d'obtenir un résultat complet.

La propreté est dans toutes ces opérations une condition nécessaire, et on doit, par-dessus tout, éviter, pendant le développement de l'image négative, le voisinage de l'hyposulfite de soude; le seul contact des mains, si l'on en avait touché depuis peu de temps, occasionnerait sur le cliché, pendant cette opération, des taches qu'il est très-difficile de faire disparaître.

Il est bon aussi, tant pour le négatif que pour

le positif, d'avoir une cuvette spécialement destinée aux dissolutions d'argent, sans qu'on soit
jamais obligé de s'en servir pour les dissolutions
d'hyposulfite de soude, de même que des enton-
noirs étiquetés pour remettre chaque dissolution
dans son flacon.

Comme on sait que toute matière organique
réduit rapidement les sels d'argent, on ne doit
toucher leur dissolution qu'avec des baguettes de
verre, et il faut considérer comme un contre-sens
l'usage des cuvettes de gutta-percha qui a été conseillé dans plusieurs traités.

Lorsqu'on est obligé de noircir, comme nous
l'avons dit, certaines parties du ciel d'un cliché,
on se sert pour cela d'encre de chine très-épaisse,
ou bien encore, du *noir en tablettes broyé au miel*,
tel qu'on le trouve dans le commerce préparé
pour la gouache.

# CHAPITRE III.



La formation de l'image positive qui s'opère
avec le négatif sur glace de la même manière
qu'avec le négatif sur papier, est la partie de la
photographie qui a été généralement la moins mal
comprise. — Cependant cette opération a eu
besoin de subir des modifications qui ont eu pour
résultat la simplification et la rapidité des manipulations, et, en même temps, le perfectionnement
de l'épreuve positive elle-même.

On a pu reconnaître, en effet, que, s'il n'est pas
possible d'obtenir une bonne épreuve avec un
mauvais type, un type parfait ne suffit pas toujours pour la donner.

Dans le principe, une bonne épreuve était, pour
ainsi dire, un accident heureux, et contrairement
à ce que permettent les moyens employés aujour-

d'hui, la teinte et la vigueur du dessin dépendaient rarement du goût de l'opérateur.

Ces moyens ont été indiqués, mais, en même temps compliqués d'une série d'opérations inutiles et quelquefois nuisibles au résultat.

Nous montrerons ici comment on peut de la manière la plus simple et la plus précise obtenir des résultats constants et donner aux épreuves les tons variés qu'elles peuvent prendre.

Nous allons traiter successivement dans ce chapitre, de la préparation des papiers positifs, — de la formation, — du fixage et du virage de l'épreuve positive.

### § 1. De la préparation du papier positif.

On prépare d'avance dans deux flacons séparés les dissolutions suivantes de chlorure de sodium et de nitrate d'argent :

| | | |
|---|---|---|
| 1° | Chlorure de sodium pur. . . . . . . . . | 10 gr. |
| | Eau filtrée ordinaire. . . . . . . . . | 100 |

| | | |
|---|---|---|
| 2° | Nitrate d'argent neutre. . . . . . . . | 25 |
| | Eau distillée. . . . . . . . . . . | 100 |

Il est bon de tenir cette dernière dissolution dans l'obscurité.

Après avoir coupé son papier un peu plus grand que la glace, on en marque l'envers d'un trait de crayon. — On reconnaît ce côté à la texture métallique dont il porte l'empreinte, et qu'il est assez facile d'apercevoir surtout sous un jour oblique.

Puis, à la lueur d'une bougie, on verse dans deux cuvettes à fond plat une certaine quantité des dissolutions ci-dessus.

Alors on applique l'endroit du papier à la surface de la dissolution de chlorure de sodium, en ayant bien soin de ne pas laisser de bulles d'air interposées. — On les évite par la manière dont on applique le papier.

Pour cela on place la feuille de papier verticalement au bord de la cuvette, et au lieu de l'abaisser tout d'un coup comme on le fait pour les glaces, quand on les sensibilise, on exerce sur elle une pression verticale sous laquelle elle plie en avant sur elle-même et que l'on continue en la suivant jusqu'à ce qu'elle se trouve partout en contact avec le liquide.

On chasse ainsi les bulles d'air dont on peut suivre la marche à travers l'épaisseur du papier, en ayant eu soin de placer la cuvette entre soi et la bougie.

On relève alors doucement le papier pour s'assurer qu'il n'y est pas resté attaché de bulles d'air; s'il en est resté, il faut les crever à l'aide d'une petite baguette de verre, ou simplement en soufflant sur elles.

Lorsqu'on est sûr que toutes les parties de l'endroit du papier sont bien en contact avec le liquide, on l'y laisse appliqué pendant deux ou trois minutes.

Au bout de ce temps, on enlève la feuille et on la sèche dans un cahier de papier buvard, jusqu'à ce qu'on n'y aperçoive plus de traces d'humidité. — Le papier buvard doit être très-propre et servir spécialement à cet usage.

En retirant la feuille de papier du buvard on l'applique de la même manière à la surface de la dissolution de nitrate d'argent, et, bien entendu, le côté déjà imprégné de chlorure de sodium en contact avec le liquide. — Au bout de quatre ou cinq minutes on enlève avec précaution la feuille de papier et on la laisse sécher en la piquant par un angle avec une épingle.

On tient le papier ainsi préparé dans une obscurité complète, et, malgré cette précaution, on ne peut le conserver plus de quatre ou cinq jours.

4.

Il est mieux de le préparer le soir pour s'en servir le lendemain.

Le bain de nitrate ne doit, comme nous l'avons dit, être mis en contact avec aucune matière organique.

On se sert pour en retirer le papier du bout d'une baguette de verre effilée.

Si l'on veut en obtenir de bons effets, il faut, lorsqu'il a servi à préparer une vingtaine de feuilles, y ajouter quelques cristaux de nitrate d'argent pour lui redonner le degré de saturation nécessaire.

Il faut de même éviter, autant que possible, de filtrer toute dissolution de nitrate d'argent concentrée.

### § 2. De la préparation du papier positif albuminé.

La préparation de l'albumine pour papier positif se fait par une manipulation semblable à celle que nous avons décrite au chapitre I$^{er}$, § 1. Mais il faut choisir ici des œufs parfaitement frais, on en prend le blanc et on y ajoute 25 p. o/o d'eau filtrée et 10 p. o/o de chlorure de sodium pur.

Soit :
| | |
|---|---|
| Albumine. . . . . . . . . . . . | 100 gr. |
| Eau filtrée . . . . . . . . . . | 25 |
| Chlorure de sodium pur. . . . . . | 10 |

Après avoir battu le mélange jusqu'à l'état de mousse épaisse, on le laisse reposer quelques heures, et l'on décante l'albumine qu'on trouve alors au fond du vase pour la mettre dans une cuvette à fond plat.

On a soin d'enlever la mousse qui peut la surnager dans la cuvette, et on y applique l'endroit du papier coupé à la grandeur qu'on désire.

L'application de la feuille de papier à la surface du liquide se fait comme nous venons d'indiquer au paragraphe précédent, et cette fois à la lumière du jour, mais ici une très-grande régularité dans le mouvement est nécessaire.

On se place en face du jour et on abaisse lentement le papier sur le liquide, de manière à chasser bien exactement les bulles d'air, et une fois que la feuille est appliquée sur l'albumine, on l'y laisse le temps nécessaire sans la relever. — On l'enlève ensuite par un de ses angles d'un mouvement lent et régulier et on la suspend comme précédemment pour la laisser sécher.

Si l'on veut avoir à la surface du papier une couche épaisse d'albumine on la laisse sur le bain une ou deux minutes au plus; en l'y laissant six ou huit minutes, on obtient une couche beaucoup plus mince et plus unie.

Lorsque le papier est sec, on le met avec précaution à la presse dans un livre de papier propre,
où il peut être conservé indéfiniment.

Pour le rendre sensible à la lumière, comme il
contient déjà dans l'albumine le chlorure de sodium, il ne reste plus qu'à l'appliquer, et alors, à
la lumière de la bougie seulement, sur le bain de
nitrate d'argent.

Si le bain de nitrate d'argent était faible ou si
l'on n'y laissait le papier que peu de temps, on
obtiendrait des épreuves positives d'un ton rouge
et peu harmonieux.

Pour obtenir des tons noirs, il faut laisser le
papier albuminé six ou huit minutes au moins
sur le bain d'argent.

---

La qualité du papier n'a pas besoin d'être aussi
belle pour cette préparation que pour la précé-
dente. — A l'aide de l'albumine on peut même
obtenir de bons résultats avec presque tous les
papiers.

### § 3. De la formation de l'épreuve positive.

Après avoir bien nettoyé les glaces du châssis à épreuves positives, on place sur la première d'abord le type et ensuite une feuille de papier positif, le côté préparé de la feuille en contact avec le côté albuminé du type; puis, sur le papier, on met une feuille de *caoutchouc vulcanisé* destiné à rendre la pression plus régulière, et enfin, par-dessus le tout, on replace la deuxième glace et la planchette sur laquelle on exerce une certaine pression à l'aide des vis qui servent à la comprimer.

On expose alors le châssis au soleil, ou à défaut de ce dernier à la lumière diffuse, mais, dans ce cas, l'opération est beaucoup plus longue.

Les rayons lumineux viennent à travers le type impressionner la surface sensible du papier sur lequel se forme peu à peu l'image.

Dans cette opération comme dans la pose, il serait très-difficile de préciser le temps d'exposition à la lumière, qui varie d'après l'intensité du jour, la sensiblité du papier et la vigueur du type.

Le moyen d'opérer le plus sûrement est d'employer un système de châssis positif qui permette de suivre les progrès de l'épreuve (1).

Comme l'image se dégrade sensiblement au fixage, on doit la laisser dépasser un peu dans le châssis le degré d'intensité auquel on désire la laisser.

Lorsqu'elle a atteint le point convenable on transporte le châssis dans un appartement éclairé par un demi-jour seulement, et on en retire la feuille de papier pour lui faire subir les opérations du fixage qui rend l'image inaltérable.

On profite habituellement, comme nous l'avons dit, des rayons solaires pour la formation de l'image positive.

Si cependant le type était trop faible, il serait préférable de ne l'exposer qu'à la lumière diffuse.

### § 4. Du fixage de l'épreuve positive.

La feuille de papier sur laquelle se trouve

(1) M. Jannelle, ébéniste, rue d'Anjou-Dauphine, 4, a imaginé un système de châssis à épreuves positives très-simple, et qui permet de regarder l'épreuve aussi souvent qu'on le désire, sans qu'il soit possible de déranger le papier de dessus le type.

l'image au sortir du châssis, et qui doit sa sensibilité au chlorure d'argent dont elle est impré-
gnée, contient en outre une certaine quantité
d'argent à l'état de nitrate dont il est nécessaire
de la débarrasser.

La première opération à faire est alors de la
plonger dans une dissolution de chlorure de sodium du commerce (*sel de cuisine*) dans l'eau ordinaire. — Les proportions de cette dissolution
n'ont rien d'important ; on peut prendre 10 gr.
de chlorure de sodium pour 100 gr. d'eau.

Instantanément le nitrate d'argent qu'il pouvait
y avoir est transformé en chlorure, et au bout de
quelques instants, l'image a pris une teinte rouge-
vineux.

On jette alors ce bain et on lave parfaitement
l'épreuve dans l'eau.

Puis on la place dans un bain neuf de :

<pre>
Hyposulfite de soude.  .   .   .   .   .   .   10 gr.
Eau filtrée.  .   .   .   .   .   .   .   .   .   100
</pre>

Dès qu'elle est dans ce bain, on peut suivre les
réactions au grand jour, et l'on voit bientôt la
couleur du dessin devenir feuille-morte.

Après cinq ou six minutes l'action de l'hyposulfite de soude a été suffisante pour que l'épreuve

soit fixée, et l'on peut alors lui donner par le virage celle des teintes qu'on désire.

Pendant le virage l'épreuve s'affaiblit un peu comme elle le fait pendant le fixage, et elle s'affaiblirait beaucoup trop, et s'effacerait même en partie si elle était déjà faible au sortir du bain d'hyposulfite de soude.

Comme on peut la dégrader à volonté, il faut donc la laisser s'accentuer assez vigoureusement dans le châssis, pour qu'au sortir de l'hyposulfite elle puisse encore supporter un affaiblissement pour arriver au point où elle doit rester.

On voit, d'après cela, que le bain d'hyposulfite ne peut pas avoir de durée déterminée, mais on devra toujours s'arranger de manière à ce que l'épreuve puisse le supporter cinq ou six minutes au moins.

Après cela, il ne reste plus qu'à opérer le virage.

Il faudra se rappeler que pendant cette opération l'épreuve sur papier positif ordinaire se dégrade beaucoup plus vite que l'épreuve sur papier albuminé.

### § 5. Du virage de l'épreuve positive.

Le virage est une opération qui, dans la coloration des épreuves positives, a pour effet de modifier les tons et les teintes du dessin photographique.

Ce virage s'opère à l'aide d'acides qui, ajoutés en petite quantité au bain d'hyposulfite, donnent lieu à un dégagement d'acide sulfureux et nécessairement à un dépôt de soufre qui trouble alors la dissolution.

L'épreuve étant au point où nous l'avons laissée dans le paragraphe précédent sans la retirer de la cuvette, on verse de celle-ci, dans un vase quelconque, la dissolution d'hyposulfite qu'elle contient.

On sépare de cette même dissolution une quantité suffisante pour immerger la feuille de papier, à laquelle on ajoute un peu d'acide acétique du commerce de manière à la rendre légèrement acide.

Aussitôt on agite un peu le mélange avec une baguette et on le reverse dans la cuvette pour en couvrir rapidement l'épreuve.

Dès que l'odeur caractéristique de l'acide sulfureux commence à se faire sentir, on voit l'image changer de ton.

Elle passe par diverses nuances pour arriver au noir, et pour l'arrêter à l'une d'elles, il suffit de soustraire l'épreuve à l'action du bain, en la plongeant immédiatement dans l'eau.

L'action dont nous venons de parler, produite par l'acide acétique, est lente et par conséquent plus facile à arrêter.

L'image, avant de passer au noir, peut la supporter dix minutes ou un quart d'heure.

Mais la question de temps ne doit pas être prise en considération à cause de l'avantage de sûreté de l'opération.

L'acide chlorydrique, employé de la même manière et en très-faible proportion, donne les mêmes résultats, mais avec une rapidité qui trompe facilement un coup-d'œil inexpérimenté.

En outre, son action se continue longtemps après, même dans l'eau.

On pourrait cependant obvier un peu à cet inconvénient en replongeant un instant le papier dans le bain d'hyposulfite non acidulé.

Lorsqu'une épreuve est vigoureuse, on peut aussi la virer dans un bain neuf et concentré d'hyposulfite de soude dans lequel elle peut rester plusieurs heures.

À l'aide de ces trois moyens, on peut donner à une épreuve le ton et la teinte qu'on désire.

Après cela il ne reste plus qu'à la débarrasser de toute trace d'hyposulfite en la laissant pendant cinq ou six heures au moins immergée dans de l'eau qu'il est bon de renouveler deux ou trois fois.

Au bout de ce temps, on la retire et on la suspend par un angle pour la laisser sécher.

Si elle a été parfaitement lavée, elle ne risque plus de s'altérer.